NOTICE

SUR LE

PALAIS DES TUILERIES.

NOTICE

SUR LE

PALAIS DES TUILERIES.

PARIS,

IMPRIMERIE DE GUIRAUDET ET JOUAUST,

RUE SAINT-HONORÉ, N° 315.

1856.

NOTICE

SUR LE

PALAIS DES TUILERIES.

En l'année 1564, Catherine de Médicis, ne voulant plus continuer à habiter le château des Tournelles, où Henri II, son mari, était mort des suites de la blessure reçue de Montgommeri dans un tournoi, fit choix d'une maison déjà célèbre par sa position salubre, hors la ville, sur les bords de la Seine, et où la duchesse d'Angoulême, mère de François Ier, avait recouvré la santé. Cette maison avait pris le nom des tuileries dont elle était environnée, et qui, dès l'année 1372, étaient établies en cet endroit[1].

---

[1] Il y avait à Athènes un quartier du Céramique, ainsi nommé des tuileries qui y existaient dans une antiquité plus reculée. Ce vaste emplacement était divisé en deux parties, l'une en dedans de la ville, l'autre hors des murs, où était

Catherine acheta cette maison, ces fabriques et les terrains qui en dépendaient. La construction d'un nouveau palais fut immédiatement commencée. Philibert Delorme, célèbre architecte, à qui l'on devait déjà le château d'Anet, bâti en 1548 pour Diane de Poitiers, fut chargé de l'exécution de ce palais. Déjà le pavillon du milieu, les deux corps de logis contigus et les deux pavillons qui les suivent, étaient élevés lorsque le roi Charles IX posa la première pierre d'un bastion situé vers l'extrémité du jardin, du côté de la rivière, le 11 juillet 1566.

On attribue à diverses causes le motif qui fit abandonner à Catherine de Médicis le palais des Tuileries avant que de l'avoir habité[1], pour faire

l'Académie, et orné de promenades et de jardins. On verra que la disposition des Tuileries jointes au Louvre était la même dans l'ancien Paris. C'était aussi dans le Céramique extérieur que les guerriers morts dans les combats avaient leurs sépultures et leurs statues. La nouvelle destination donnée par le roi à la salle des Maréchaux ajoute à ce rapprochement.

[1] On a prétendu qu'une prédiction faite par un astrologue à cette reine lui indiqua le nom de Saint-Germain comme devant lui être fatal. Les Tuileries se trouvant dépendre de la paroisse de ce nom, Catherine abandonna son palais ; mais on ajoute que le prêtre qui l'assista à la mort fut Laurent de Saint-Germain, évêque *in partibus* de Nazareth.

construire l'hôtel de Soissons, sur l'emplacement duquel est aujourd'hui la Halle au blé. Ce qui est certain, c'est que les troubles de la Ligue, pendant tout le règne de Henri III, ne permirent point l'achèvement de ce palais ; que Henri IV fit ajouter, par Ducerceau, un nouveau corps de logis et un pavillon aux bâtiments qui existaient déjà du côté de la rivière, et qu'il fit commencer, en 1600, la galerie qui joint le palais des Tuileries à celui du Louvre[1].

Ce ne fut qu'en 1664 que Louis XIV chargea Colbert d'ajouter au palais un nouveau corps de logis et un pavillon, symétriquement avec ceux qui avaient été élevés par Ducerceau. On commença même, du côté du nord et parallèlement à la rue Saint-Honoré, une grande galerie semblable à celle qui régnait déjà du côté de la rivière ; mais on s'arrêta après la première travée. Le Nostre régla la disposition du jardin.

---

[1] « La galerie des Tuileries, dit Sauval, est un ouvrage que Henri IV poussa, tout le long de la rivière, jusqu'au palais des Tuileries, qui faisait partie alors du faubourg Saint-Honoré, afin, par ce moyen, d'être dehors et au-dedans de la ville quand il voulait, et ne pas se voir enfermer dans ces murailles où l'honneur et la vie de Henri III avaient presque dépendu du caprice et de la frénésie d'une populace irritée. »

L'architecte Levau ne se borna pas aux adjonctions qui lui étaient commandées par Colbert, pour répéter les constructions de Ducerceau. Levau fit au corps principal de Philibert Delorme plusieurs changements. Le pavillon du milieu renfermait un escalier en ovale, vide et sans colonnes ni noyau dans le milieu, qui tournait de fond en cime, portant huit pieds de marche et vingt-deux de vide, et de plus bordé d'une balustrade de bronze, selon les expressions de Sauval. Cet escalier, qualifié de merveilleux chef-d'œuvre par les écrivains contemporains, fut détruit par Levau, qui exhaussa en outre le pavillon principal. Il substitua à la coupole qui le couronnait une sorte de dôme quadrangulaire, et ne laissa subsister de l'ancienne architecture de Philibert Delorme que l'ordonnance extérieure du rez-de-chaussée. La décoration même des façades des bâtiments élevés au dessus des terrasses des deux corps de logis qui flanquent le pavillon du centre fut changée, les croisées agrandies et leurs trumeaux ornés de sculptures et de gaines, et un attique remplaça les petits frontons et ornements en forme d'*antéfixes* qui couronnaient ces deux ailes.

Ainsi donc, avant même que le palais des Tuileries fût entièrement terminé, et dès le règne de

Henri IV, l'ordonnance première de sa construction, conformément aux plans de Philibert Delorme, avait été modifiée, changée ; l'étendue de l'habitation avait été irrégulièrement augmentée. Louis XIII et Louis XIV ajoutèrent encore à ces changements, sans suivre presque aucune uniformité, sans respecter les travaux achevés par leurs prédécesseurs : de sorte que ce palais présentait déjà, vers le milieu du dix-septième siècle, un composé incohérent d'ordres et de parties divers, sans rapports entre eux de distribution, de style et de conception.

Ce même désordre, si apparent à l'extérieur, existait également dans la distribution des appartements. Levau, en détruisant l'escalier de Philibert Delorme, qui occupait une grande partie du pavillon principal, ne fit que reculer la difficulté des communications que cet escalier entravait. Levau débarrassa en effet ce pavillon, et il y put construire l'une des salles les plus vastes de Paris ; mais il reporta son nouvel escalier dans une aile latérale de ce pavillon, et cet escalier, occupant toute la largeur de l'aile, eut le grave inconvénient d'interrompre absolument la communication de plain-pied d'un côté du palais à l'autre. Aussi le palais ne fut-il jamais habité jusqu'ici que dans la partie qui s'étend du pavillon central à la rivière ; l'autre partie, aussi considérable, s'étendant au nord, vers la rue Saint-Honoré, ne contenait que la chapelle, le théâtre et des logements de suite.

L'escalier construit par Levau prenait naissance au vestibule du rez-de-chaussée du pavillon du milieu. Parvenu à la hauteur du premier entresol, il se séparait en deux révolutions, et aboutissait ainsi par une double rampe au pallier du premier étage, ouvrant immédiatement et d'un seul côté sur la grande salle du pavillon central, formant salle des gardes sous Louis XIV et la minorité de Louis XV. Elle ne pouvait, comme antichambre, recevoir convenablement une autre destination. Quand plus tard le palais des Tuileries ne fut plus considéré comme résidence royale, cette salle servit aux concerts spirituels et à d'autres réunions autorisées. Des loges mal construites en menuiserie qui y avaient été établies furent renversées pendant le court séjour que fit Louis XVI aux Tuileries, et la grande salle reprit sa première destination de salle des gardes. Elle servit ensuite de salle d'introduction aux différents comités qui occupaient le palais durant le gouvernement conventionnel.

Le 19 février 1800, Bonaparte, premier consul de la république, installa au palais des Tuileries le siége de son gouvernement. La grande salle du pavillon du milieu devint momentanément un corps de garde garni de lits de camp, où se tenait le piquet de la garde consulaire de service ; ce ne fut qu'à l'époque du couronnement (1804) que cette salle prit le nom de salle des Maréchaux. Des travaux d'embellissements y furent exécutés : un balcon supporté par de riches consoles fut pratiqué au pourtour de cette salle, à moitié environ de sa hauteur ; une tribune, soutenue au niveau de ce balcon par des plâtres moulés sur les cariatides de Jean Goujon, s'élève sur la face du côté du jardin.

Le 7 février 1800, le premier consul avait enjoint au ministre de l'intérieur de faire placer dans la grande galerie des Tuileries, probablement la galerie de Diane, les statues de vingt-deux grands hommes, savoir : Démosthènes, Alexandre, Annibal, Scipion, Brutus, Cicéron, César, Gustave-Adolphe, Turenne, le grand Condé, Dugay-Trouin, Malborough, le prince Eugène, le maréchal de Saxe, Washington, le grand Frédéric, Mirabeau, Dugommier, Dampierre, Marceau et Joubert. Ce projet ne fut pas mis à exécution, et Napoléon empereur modifia sa première pensée : la galerie ne reçut aucune statue ; la salle des Maréchaux seulement fut ornée de portraits peints en pied des douze grands-officiers, qui reçurent le titre de maréchal à l'époque du couronnement, et des bustes en marbre de vingt officiers généraux morts pendant les guerres de la république. Dugommier, Marceau et Joubert, furent les seuls qui y figurèrent de la première liste donnée par Bonaparte.

Les portraits des maréchaux vivants qui décoraient la salle dite dès lors salle des Maréchaux devaient, à la mort de chacun des titulaires, être transportés à l'hôtel des Invalides, et le portrait du maréchal mort être remplacé par celui de son successeur. Le gouvernement de la restauration suivit le même système, et les portraits de Berthier, Brune et Ney, furent remplacés par ceux de Viomesnil, Lauriston et Hohenloe; du reste, la salle des Maréchaux, qui sous l'empire était considérée comme premier salon, redevint salle des gardes sous la restauration, et fut abandonnée comme poste aux gardes du corps.

On a déjà remarqué que cette salle, ouvrant directement sur le pallier du grand escalier de Levau, était de fait une antichambre, et que cet escalier coupait le palais de manière à interrompre la circulation de plain-pied d'un aile à l'autre. Napoléon avait déjà signalé cet inconvénient, qui le forçait à sortir de son intérieur pour assister aux séances du conseil d'état, au spectacle, etc. C'était pour parer à ce défaut de construction grave que Louis XVIII avait fait élever un couloir en forme de tente, sur la terrasse extérieure du premier étage, afin de se rendre de ses appartements à la chapelle sans redescendre une portion du grand escalier et en remonter une autre; mais jusqu'ici tous les princes habitant le palais des Tuileries n'avaient eu qu'une famille peu nombreuse, ou qui n'était pas réunie. La cour, restreinte aux personnes que leurs charges ou leurs devoirs appelaient au palais, n'offrait jamais qu'une affluence peu considérable, et que pouvait contenir la portion habitée des Tuileries. Lorsque le roi Louis-Philippe vint y fixer sa résidence, il ne put renfermer sa nombreuse famille dans cette partie habitée, et y réserver à la fois les appartements de réception et de représentation qu'exige un roi constitutionnel, accessible à tous, et non pas seulement aux courtisans du prince. Il y eut nécessité de s'étendre, et de rendre en même temps les communications faciles; d'ailleurs, le roi trouva les maréchaux et les représentants de la gloire militaire française inconvenablement placés dans une salle qui, quoique l'une des plus spacieuses de l'Europe, n'était, ni par sa position dans le palais, ni par la manière dont elle était décorée, digne de sa destination. Le roi se fit représenter les plans conçus déjà par M. Fontaine; ces plans furent arrêtés, après avoir subi les modifications que les besoins et les usages nouveaux réclamaient.

Le grand escalier construit par Levau dut être détruit; la cage qu'il occupait, et l'emplacement à l'entresol où était le poste des gardes à pied furent convertis en une vaste galerie, qui établit un plain-pied entre la salle des Maréchaux et la portion du palais, séparée autrefois de cette salle, qui contient la chapelle, la grande pièce dite des Travées, où se tenaient les séances du conseil d'état sous l'empire, plusieurs salons, et enfin la salle de spectacle, par laquelle on communique aujourd'hui avec le pavillon Marsan et la galerie neuve.

Mais le grand escalier détruit dut à son tour être remplacé. La galerie couverte d'une terrasse et donnant sur le jardin était le seul emplacement convenable à ce nouvel escalier. Les voûtes de la terrasse furent crevées, ses murs sur le jardin surexhaussés; et l'escalier, construit dans cet espace, s'éleva du vestibule inférieur sous l'horloge, au niveau et à l'extrémité de la nouvelle galerie.

Huit colonnes ioniques, placées sous le vestibule public, annoncent un second vestibule d'ordre dorique, et voûté à la hauteur du premier étage qui précède cet escalier, enfermé d'abord et jusqu'à cette même hauteur entre deux soubassements d'ordre corinthien. Ces soubassements sont ornés d'une frise où sont sculptés des armures, des trophées et des médaillons indiquant les attributs de l'industrie et des arts. L'escalier, composé de 48 degrés de 13 pieds d'emmarchement, présente deux palliers ou repos, et s'élève en ligne directe; toute sa longueur est divisée en trois parties entre lesquelles sont placées, au-dessus du soubassement, des colonnes accouplées d'ordre corinthien, supportant des arcs en plein cintre formant arcs-doubleaux. Deux galeries à ras le couronnement du soubassement permettent la circulation autour de l'escalier, entre les colonnes accouplées et le mur orné de pilastres. Ces galeries sont terminées, à chacune de leurs extrémités, d'un côté par le pallier supérieur de l'escalier, de l'autre par une tribune répétant le pallier. La partie du milieu de l'escalier est égale aux deux extrémités formant pallier, et ces trois parties ont leurs colonnes surmontées d'une voûte d'arête ; les deux portions intermédiaires, voûtées en berceau, ont toute la largeur comprise entre les murs ; ces voûtes sont ornées de caissons de guirlandes et de trophées sculptés. Dans toute la longueur de l'escalier, et d'un côté seulement, sont ouvertes neuf fenêtres sur le jardin ; de l'autre des glaces répètent ces fenêtres, et deux jours sont ménagés dans les voûtes en berceau. Une rampe en bronze doré, de la hauteur du stylobate de l'ordre corinthien, règne sur toute la longueur des galeries et de la tribune ; des candélabres en bronze doré espacés régulièrement contribuent à l'éclairage de l'escalier pendant la nuit autant qu'à son ornement ; trois lampes suspendues en bronze doré complètent cet éclairage. Deux statues de femmes assises, en marbre, dont l'une antique et l'autre sa copie, sont adossées aux colonnes du pallier supérieur ; au fond de ce même pallier, une porte bronzée et sculptée ouvre sur la tribune de la chapelle ; une seconde porte à droite donne entrée dans les appartements ; une semblable porte sur la tribune de l'escalier, faisant face à celle de la chapelle à l'autre extrémité de l'escalier, communique avec la salle des Maréchaux par un petit salon.

Par suite de la construction de cet escalier et de la galerie, la salle des Maréchaux devint salon principal, de corps de garde ou d'antichambre qu'elle était. En formant le milieu des appartements du palais, elle dut voir revêtir sa nudité passée de tous les ornements dont elle était susceptible. Sans rien changer à sa disposition première, les portraits des maréchaux qui la garnissent furent encadrés dans une riche boiserie sculptée et dorée, régnant aujourd'hui sur tout le pourtour de la salle [1]; au dessous de la galerie ou balcon qui coupe cette salle dans sa hauteur, des piédestaux ajustés à la boiserie dans l'intervalle des portraits des

---

[1] *Maréchaux.*
Moncey, duc de Conegliano.
Soult, duc de Dalmatie.
Victor, duc de Bellune.
Macdonald, duc de Tarente.
Oudinot, duc de Reggio.
Comte Molitor.
Comte Maison.
Comte Gérard.
Comte Clausel.
Mouton, comte Lobau.
Comte Grouchy.
Amiral comte Truguet.
Amiral Duperré.

maréchaux supportent des bustes en marbre de généraux et d'officiers tués la plupart en défendant la gloire de la France. Ces bustes furent commandés par Napoléon et placés par lui dans la salle des Maréchaux. Le roi n'a pas cru devoir les déshériter de la place honorable qu'un tel chef les avait jugés dignes d'occuper [1]. Au dessus de la galerie, des piédestaux placés dans les intervalles ou trumeaux des croisées qui éclairent la pièce, et des fausses croisées en glace, portent également les bustes des capitaines les plus célèbres dans les fastes de la France depuis Duguesclin jusqu'à Ney [2]. Au dessus de l'imposte qui règne autour de la pièce à partir de la naissance de l'archivolte des croisées jusqu'à

---

[1] *Bustes en marbre. Officiers tués.*—Jean Bart, Duguay-Trouin, Maurice de Saxe, Dampierre, Dugommier, Banel, Causse, Laharpe, Marceau, Hoche, Dupuis, Caffarelli, Bon, Joubert, Kléber, Desaix, Leclerc, Morland, Saint-Hilaire, Despagne, Lasalle, Colbert, Schulkoski, Latour-d'Auvergne, Boudet, Robert, Muiron, Elliot, Julien, Bérand.

[2] *Bustes sur la galerie.* — Duguesclin, Bayard, Chabot, Coligny, Turenne, Condé, Duquesne, Luxembourg, Tourville, Vauban, Catinat, Conti, Suffren, Lapeyrouse, Lamothe-Picquet, Custine, Dumourrier, Latouche-Tréville, Lannes, Bougainville, Bessière, Berthier, Brune, Augereau, Ney, Masséna, Serrurier, Pérignon, Kellermann, Lefebvre, Foy, Lauriston, Gauvion-Saint-Cyr, Sanson.

la corniche qui soutient la voûte, des trophées de guerre, des victoires peintes en grisaille, accompagnent et supportent des boucliers où sont inscrits les noms et les dates des batailles gagnées par les Français depuis Rocroy jusqu'à la Moskowa, avec les noms des généraux qui les ont gagnées [1]. La voûte enfin est ornée de cais-

---

[1] *Inscriptions.*

Rocroy (Condé),	19 mai 1643.
Norstinghem (Condé),	3 août 1645.
Les Dunes (Turenne),	24 août 1659.
Cassel (Monsieur, duc d'Orléans),	11 avril 1677.
Norwinde (Luxembourg),	24 juillet 1693.
Marseille (Catinat),	4 octobre 1693.
Cassaro (Vendôme),	16 août 1705.
Villa-Viciosa (Vendôme),	10 décembre 1710.
Denain (Villars),	24 juillet 1712.
Fontenoy (Maréchal de Saxe),	11 mai 1745.
Lawfeldt (Maréchal de Saxe),	2 juillet 1747.
Valmy (Kellermann),	20 septembre 1792.
Jemmapes (Dumouriez),	6 novembre 1792.
Fleurus (Jourdan),	26 juin 1794.
Castiglione (Bonaparte),	5 août 1796.
Arcole (Bonaparte),	15 novembre 1796.
Rivoli (Bonaparte),	13 janvier 1797.
Pyramides (Bonaparte),	21 juillet 1798.
Aboukir (Bonaparte),	25 juillet 1799.
Zurich (Masséna),	25 septembre 1799.
Marengo (Bonaparte),	14 juin 1800.

sons, de rosaces et d'emblèmes militaires, parmi lesquels on retrouve les mots *Honneur, Patrie,* donnés par Napoléon pour devise à la Légion-d'Honneur.

Les travées formant tribune ont reçu la même décoration de bustes, de trophées, d'inscriptions, parmi lesquels figurent les noms de Tolbiac et de Bouvines : la première de ces batailles comme ayant ouvert la carrière militaire si brillante de la France, la seconde comme ayant assuré son indépendance et son intégrité dans des temps reculés.

Au dessus du nouveau vestibule du grand escalier, et de plain-pied avec la salle des Maréchaux, un nouveau salon a été ménagé, ayant entrée par cette salle, par la galerie nouvelle, et par le pallier formant tribune sur le grand escalier. Ce nouveau salon, qui a pris le nom de Petit salon des Maréchaux, est orné de pilastres corinthiens et de sculptures emblématiques,

    Hohenlinden (Moreau),   3 novembre 1800.
    Austerlitz (Napoléon),   2 décembre 1805.
    Iéna (Napoléon),   14 octobre 1806.
    Friedland (Napoléon),   14 juin 1807.
    Eckmülh (Napoléon),   22 avril 1809.
    Wagram (Napoléon),   5 juillet 1809.
    Moskowa (Napoléon),   7 septembre 1812.

où l'on distingue le bâton, signe caractéristique du grade de maréchal; trois étoiles, figurent les trois glorieuses journées de juillet 1830, et les mots *Honneur* et *Patrie.* Un modèle en bronze de la colonne de la place Vendôme, surmontée de la statue de Napoléon, ajoute à la décoration de ce salon.

La galerie nouvelle, construite sur l'emplacement de l'ancien escalier, n'a reçu jusqu'ici pour ornement que la sculpture des pilastres et colonnes, et celle des caissons de la voûte en berceau qui forme son plafond. La statue de la Paix, fondue en argent, de grandeur naturelle, sur les dessins de Chaudet, est placée à l'extrémité de cette galerie; et de chaque côté de la porte principale qui conduit au nouvel escalier et à l'ancienne salle du conseil d'état ont été conservées les statues en marbre qui y existaient des chanceliers de L'Hôpital et d'Aguesseau. Au dessus de la cheminée placée au milieu de la galerie, un bas-relief de grandeur naturelle, sculpté par M. Cortot, représente le roi Louis-Philippe, à cheval, traversant les barricades; sur les drapeaux qui l'accompagnent on lit: *La charte sera désormais une vérité.* Cette galerie a reçu le nom de Louis-Philippe; elle offre pour symbole le roi gouvernant pendant la paix, avec l'appui de la justice et des lois.

On a déjà fait remarquer que jamais Catherine de Médicis n'occupa le palais des Tuileries. quoiqu'elle l'eût fait bâtir. Marie de Médicis n'habita que le Louvre et le Luxembourg. Mademoiselle de Montpensier, née au Louvre en 1627, fut logée aux Tuileries, qui y tenaient par la grande galerie, nous dit-elle dans ses mémoires. Elle y passa l'époque des troubles de la régence d'Anne d'Autriche, jusqu'au 21 octobre 1652 qu'elle reçut l'ordre de quitter en vingt-quatre heures cette résidence, destinée au jeune frère du roi. Aucun document ne peut indiquer aujourd'hui la manière dont ces appartements étaient distribués ou décorés; on sait seulement que Bunel les avait ornés de peintures, Paul Pons et Bullant de sculptures. Tout ce qui existe aujourd'hui de plus ancien ne remonte pas plus haut que Louis XIV.

La pièce la plus remarquable de la partie du premier étage, s'étendant du pavillon du milieu vers la rivière jusqu'au pavillon de Flore, est la galerie de Diane, éclairée sur la cour, et communiquant, en traversant un pallier, avec la grande galerie du Musée. Colbert fit décorer cette galerie de Diane avec des copies prises à Rome, du palais de la Farnesine, peint par Annibal

Carrache. Hyacinthe Rigaud fut l'un des élèves de l'Académie chargés de ce travail « pour employer leur temps pendant leur séjour à Rome. » Ces copies furent disposées dans les caissons du plafond et des pans coupés formant voussures de la galerie. Elle portait alors le nom de galerie des Ambassadeurs, parce que Louis XIV y donnait ses audiences publiques aux ministres étrangers. Le trône, placé dans le fond opposé au pavillon de Flore, s'élevait sur six degrés [1].

Nonobstant la riche décoration de cette galerie, ornée en outre de glaces et de dorures, elle fut coupée dans sa longueur et dans sa hauteur, durant la minorité de Louis XV, par des cloisons et des planchers, afin d'y pratiquer des logements pour les officiers de sa maison. Les dégradations qu'elle éprouva à cette époque furent telles, qu'en 1755, après la destruction des logements, la galerie devint un atelier ou Servandoni peignait les décorations de la salle des machines aux Tuileries, et qu'elle ne fut plus comptée au nombre des appartements pendant le séjour que fit Louis XVI dans ce palais, du 6 octobre 1789 au 10 août 1792. Les divisions

---

[1] La galerie de Diane, éclairée de six croisées, a 126 pieds de longueur sur 26 de large.

furent en partie rétablies pour recevoir les bureaux de la Convention, et en 1806 MM. Percier et Fontaine la réparèrent, et la mirent dans l'état où elle est aujourd'hui. MM. Hersent, Blondel, Abel de Pujol, Wafflard, etc., se chargèrent de la restauration des peintures. Sur les côtés de cette galerie, sous les voussures, et dans la largeur des trumeaux, formés d'un côté par les croisées sur la cour, et de l'autre par la répétition de ces croisées en glaces, on a placé plusieurs tableaux modernes, parmi lesquels on remarque saint Louis rendant la justice, par M. Gassies; Henri IV devant Paris y faisant entrer des vivres, par M. Rouget; le grand Condé à Rocroy, par M. Schnetz; le général Bonaparte pardonnant aux révoltés du Caire, par Guérin [1].

Par l'extrémité sud de la galerie de Diane, qui sert aujourd'hui de salle à manger au roi, on entre dans les appartements. L'ancienne salle des gardes, qui ouvre sur l'escalier dit *du roi*, sert aujourd'hui d'antichambre ; elle est éclairée sur le jardin ainsi que les pièces qui vont

---

[1] Ces tableaux ont été transportés au musée historique de Versailles. Ils doivent être remplacés par des tapisseries des Gobelins.

être décrites, et qui composaient l'appartement de la reine Marie-Thérèse d'Autriche, femme de Louis XIV. La première est aujourd'hui salle du conseil des ministres; elle servait autrefois aux assemblées de la reine. Son ancienne décoration a été conservée. Nocret de Nancy avait peint dans le plafond la reine sous la figure de Minerve, emblème qu'elle paraît avoir affectionné, puisque cette princesse est souvent reproduite sous ces mêmes traits. Le salon qui suit cette pièce était la chambre à coucher de la reine : le triomphe de Minerve est peint dans le plafond.

Ces deux pièces sont en outre ornées de tableaux modernes, la plupart acquis par le roi aux expositions du Louvre.

Le cabinet ensuite, faisant partie des mêmes appartements, est aussi décoré par Nocret. Sur la cheminée Mercure présente à la reine, sous la figure de Minerve, des femmes qui lui font hommage de leurs travaux; ce même sujet est répété sous d'autres formes dans le tableau principal du plafond. Dans un caisson plus reculé, un enfant endormi représente, dit-on, Louis XIV dans son enfance : un soleil qui domine le dessus du berceau paraîtrait venir à l'appui de cette opinion. Des médaillons peints sur les panneaux de la boiserie de cette pièce contiennent des figures allégoriques, et sept paysages qui remplissent autant de panneaux sont de Francisque Millet. Cette pièce servait de chambre à coucher à Napoléon jusqu'au mariage avec Marie-Louise; un escalier dérobé communique de cette pièce avec la chambre à coucher qu'occupait Joséphine au rez-de-chaussée. Cette même pièce était le cabinet de travail de Louis XVIII.

Après cette chambre est un autre petit cabinet d'étude ou de travail : car les sujets qui y sont peints, toujours par Nocret, représentent des femmes brodant, dévidant, lisant, et la toilette de Minerve; trois panneaux sont peints par Francisque Millet, paysagiste.

De ce cabinet d'étude, qui devint depuis cabinet de toilette, on passe dans une grande pièce servant aujourd'hui de salon de famille. C'était la chambre à coucher qu'occupait Louis XIV en hiver. Sa décoration fut entièrement changée quand Napoléon vint l'habiter : des peintures en grisailles dans les voussures et le plafond furent exécutées par MM. Hersent et Moench. Louis XVIII y mourut, et Charles X l'habita.

Au delà de cette pièce il existait une petite

bibliothèque, dont le plafond était peint par Nicolas Coypel; on ne put conserver ces peintures, qui étaient déjà en très mauvais état quand cette pièce fut destinée, sous l'empire, à recevoir un valet de chambre de veille. Elle communiquait à un ancien escalier de bois, sombre et inutile au service du palais; la cage de cet escalier et le petit cabinet y attenant ont été convertis en un salon de billard, qui ouvre par de doubles portes sur le salon de famille. Ce salon de billard, boisé et sculpté, est orné d'un plafond avec voussures et caissons renfermant des sujets de chasse et de danse, peints en grisaille sur un fond bleu lapis par MM. Vauchelet et Moench.

Tous ces appartements forment enfilade donnant sur le jardin. Le bâtiment, qui est double en profondeur dans cette partie, contient sur la cour la galerie de Diane qui a été décrite, et à l'extrémité de cette galerie, adossé au salon de famille, un salon où se tenait le conseil de régence durant la minorité de Louis XV, le conseil des ministres sous Napoléon et pendant la restauration. On le nomme aujourd'hui le salon de Louis XIV, parce que c'était autrefois le grand cabinet de ce monarque. La famille y est réunie les jours de grande réception. La richesse des ornements de cette pièce est digne de ces diverses destinations : les portes et leurs chambranles, surmontés de frontons, en sont dorés et sculptés ; les figures de ronde-bosse qui ornent les voussures du plafond sont de Girardon ; celles peintes dans les lambris des panneaux inférieurs de la boiserie sont de Nicolas Coypel. La cheminée, en marbre blanc, ornée de bronze doré et surmontée d'un bas-relief en marbre, est seule moderne, et elle a été construite sur les dessins de MM. Percier et Fontaine. On a placé dans ce salon trois grands tableaux : Louis XIV présentant Philippe V aux envoyés espagnols, par M. Gérard ; un portrait de Henri IV, par M. Schoeffer ; etc. [1]

Cette pièce est intermédiaire entre la galerie de Diane et la salle du trône, ancienne chambre à coucher de parade de Louis XIV. La richesse du plafond est remarquable : des statues de Renommées et d'enfants, sculptées par Girardon, supportent des médaillons et les encadrements des caissons de la voûte ; celui du milieu est rempli par un tableau de Berthold Flameel, chanoine de Liége [2].

[1] Ces tableaux, transportés à Versailles, sont remplacés par des tapisseries des Gobelins.
[2] L'ameublement de la salle du trône, sous Louis XVIII,

A partir de la salle du trône jusqu'à la salle des maréchaux, le bâtiment, simple en profondeur, contient encore deux grandes pièces éclairées jusqu'ici des deux côtés, c'est-à-dire au levant sur la cour, et au couchant sur le jardin, au dessus de la galerie encore en terrasse, et qui formait symétrie avec la galerie de l'autre côté du pavillon central et convertie en escalier. Celle-ci doit être également surexhaussée, et former au premier étage une galerie donnant d'un bout dans la salle des Maréchaux, et de l'autre dans le nouveau salon de billard, longeant les deux grandes pièces dont il vient d'être question, et communiquant par le travers avec elles par leurs fenêtres coupées en portes. Alors le bâtiment des Tuileries sera double dans toute son étendue.

De la salle du trône on entre immédiatement dans le salon dit, sous l'empire et la restauration, *de la Paix*, du nom d'une statue en argent donnée par la ville de Paris à Napoléon en 1807. Cette statue a été placée dans la nouvelle galerie Louis-Philippe. Ce salon servait de pièce

coûta 800,000 fr. Les tentures, surchargées d'emblèmes en broderies d'or, de chiffres, etc., durent être changées quand le roi Louis-Philippe prit possession des Tuileries, en 1831.

d'attente aux appartements du roi. Les sculptures des voussures et du plafond sont de Girardon et de Louis Lérambert; les peintures, qui, s'il faut en croire Félibien, faisaient allusion aux devoirs des courtisans, sont de Cotelle de Meaux. Il est difficile aujourd'hui d'y voir autre chose que le char du soleil, accompagné du Temps, des Heures, et de son cortége obligé. Quatre caissons des voussures représentent des sujets mythologiques réchampis d'or : c'est Clytie métamorphosée en tournesol, Apollon chez Thétis, la statue de Memnon frappée des rayons du soleil, et Procris donnant un dard à Céphale[1].

Entre cette pièce et la salle des Maréchaux est le grand salon Blanc, nommé autrefois salon des Nobles. Les sujets de la décoration de cette salle sont des trophées et des attributs militaires peints et rehaussés d'or sur les panneaux de la boiserie. Nicolas Loyr y a peint, dans de grandes grisailles qui remplissent la longueur des voussures, une marche de troupes, une bataille, un sacrifice et un triomphe. Le plafond représente un ciel ouvert, d'où descendent les figures coloriées de la Renommée et d'autres

[1] Le tableau du plafond est daté 1668.

personnages symboliques distribuant des couronnes et des palmes.

On a vu que la salle des Maréchaux, qui communique avec ce grand salon, dont elle était anciennement comme l'antichambre, est elle-même aujourd'hui précédée par la galerie Louis-Philippe. A la suite de cette galerie et au sommet du nouvel escalier est une salle dont les murs sont revêtus en stuc; quatre colonnes de marbre surmontées de bustes en porphyre concourent à la décoration de cette salle, que complète un plafond en bois sculpté et doré pendant la régence d'Anne d'Autriche, et provenant du château de Vincennes, où il allait être détruit. Le pélican nourrissant ses petits de son propre sang est le symbole qu'avait choisi cette reine; il se retrouve dans plusieurs parties de ce plafond, orné en outre de deux cartouches peints par M. Blondel.

Cette salle, qui se trouve, par sa position au haut du grand escalier, pièce d'introduction des appartements, a trois portes sculptées et bronzées : l'une a trois ventaux donnant sur le pallier du nouvel escalier ; la seconde communique avec la galerie Louis-Philippe ; la troisième, faisant face à cette dernière, donne entrée à la salle du conseil d'état. Cette pièce, re vêtue de stuc et ornée de colonnes et de pilastres, a quatre fenêtres sur la cour; sur la partie opposée six portes ouvrent sur la chapelle en forme de tribunes. Les voussures du plafond de cette salle sont ornées de figures en grisaille sur un fond bleu; elles représentent des personnages allégoriques et les attributs du commerce et des arts industriels. Le grand panneau formant milieu du plafond contenait le tableau de la bataille d'Austerlitz, par M. le baron Gérard; pendant la restauration ce tableau fut enlevé, et remplacé par la bataille de Fontenoy, peinte par M. Horace Vernet [1]. La bataille d'Austerlitz ayant été placée au Louvre, en regard de l'entrée de Henri IV à Paris du même auteur, et la salle des séances du conseil d'état ne recevant plus cette destination, elle a reçu le nom de salle des Travées.

Une autre salle donnant entrée par un escalier de service succède à la salle de Fontenoy. Cette salle est décorée d'un plafond venant également de Vincennes, mais plus ancien et beaucoup moins riche que le premier. M. Blondel y

---

[1] Ces deux tableaux doivent faire partie de la collection historique de Versailles. Le plafond du salon des Travées est orné aujourd'hui de caissons avec ornements et rosaces dorés.

a remplacé six cartouches qui avaient été détruits par le temps.

Après cette salle est le foyer du théâtre, qui, s'étendant sur toute la largeur du bâtiment, prend ses jours par ses deux extrémités sur la cour du jardin. Le foyer est orné de glaces et de colonnes. Une loge en enfoncement, pratiquée dans le milieu de sa longueur, ouvre immédiatement sur la galerie du théâtre, en face de la scène.

La salle de spectacle du palais des Tuileries se compose de quatre arcs surbaissés et de quatre pendentifs supportant une coupole ovale. L'arc qui forme le fond de la salle, ouvrant par son milieu sur le foyer précédemment décrit, est un rond-point, et des tribunes remplissent les ouvertures des arcs latéraux; l'arc qui fait face au rond-point forme l'ouverture de la scène, et il est supporté par quatre colonnes laissant entre elles l'espace des loges d'avant-scène. Le soubassement de l'ordre sert de balcon. Cette salle est disposée de manière à ce que sa décoration se répète exactement sur la scène, pour former salle de bal ou de banquet. Ses ornements sont or sur blanc, le fond des loges en bleu clair. Quoique le théâtre du palais des Tuileries soit d'une grandeur convenable à sa destination, et complètement machiné, il est beaucoup moins

2*

vaste que l'ancienne salle de spectacle qui existait sur ce même emplacement, et qui avait été construite par les ordres de Louis XIV, sur les dessins de Gaspard Vigarani : elle était alors, à l'exception de la salle de Parme, la plus grande de l'Europe[1]. Malgré ce que les proportions très allongées de cette salle paraissent avoir d'inusité aujourd'hui, elle fit l'admiration de tous les écrivains contemporains. Louis XIV y dansa dans des ballets où l'étendue du théâtre permit de développer une magnificence de spectacle inconnue jusque alors. Aussi, plus tard, fut-elle livrée à l'architecte-décorateur Servandoni, qui fit quelques changements à sa décoration inté-

[1] Le théâtre des Tuileries était divisé en deux parties inégales dans sa longueur : la scène et la salle. Il occupait toute la largeur de l'aile d'un mur à l'autre. La scène, depuis le rideau jusqu'à la muraille mitoyenne du pavillon Marsan, avait 22 toises ou 132 pieds de profondeur; l'ouverture de la scène était de 32 pieds, et sa hauteur de 34. Le dessus, pour la retraite des décorations, était de 37 pieds, et le dessous de 15. Le seconde partie, celle livrée aux spectateurs, avait dans œuvre, entre les loges et corridors, 49 pieds de largeur sur 93 de profondeur. La hauteur du parterre à la voûte était de 49 pieds. Le plafond était doré et à compartiments en carton d'une composition particulière qui le rendait aussi solide que les matières les plus dures. L'ordre d'architecture était composite.

rieure, et y établit un spectacle de *machines*, où l'on ne représentait que des ballets et des pantomines. Dans cette même salle eurent lieu les représentations de l'Opéra, après l'incendie qui le consuma en 1763. Elle fut ensuite considérablement diminuée, et les comédiens français l'occupèrent de 1770 à 1783 ; enfin elle fut ouverte aux bouffons italiens, sous le nom de théâtre de Monsieur.

Après la révolution de 1789, cette salle fut entièrement détruite, et l'emplacement qu'elle occupait disposé pour recevoir la Convention nationale. La première séance s'y tint le 10 mai 1793, en quittant le Manége. Cette salle de la Convention était éclairée par la cour et le jardin. La place du président et la tribune de l'orateur étaient adossées à la cour ; des banquettes en gradins la garnissaient dans toute son étendue, à l'exception de la barre ménagée vis-à-vis du président ; et deux vastes tribunes en amphithéâtre étaient réservées, dans les deux extrémités, pour recevoir le public. La décoration de cette salle était de la plus grande simplicité : une tenture en papier imitant le jaune de Sienne, avec des refends en bronze, de petites niches carrées où étaient figurées les statues en bronze de Brutus et de Caton, des faisceaux de licteurs et de grands candélabres également en bronze, étaient les seuls ornements de cette salle, où se tint ensuite le Conseil des Anciens.

En lisant la description du premier étage du palais des Tuileries, on a pu remarquer que cet étage ne contient que des appartements de réception, de représentation, et qu'ils ne servent plus aujourd'hui à l'habitation. Quand le roi Louis-Philippe vint occuper les Tuileries, le 1er octobre 1831, il ne renonça pas aux habitudes familières qu'il avait contractées; et, se trouvant trop séparé de sa famille par un étage, il habita avec elle le rez-de-chaussée, à partir du pavillon de Flore jusqu'au pavillon central. Louis XIV, durant sa minorité, avait logé dans ces mêmes appartements; mais alors la partie de ce local qui donne aujourd'hui sur la cour, au levant, avait vue sur un jardin que Henri IV avait fait planter en 1600. Ce jardin, qui contenait beaucoup de fleurs, des bosquets et des compartiments, s'étendait depuis le palais jusqu'au guichet surmonté d'une campanille qui débouche sur le quai, et où existait alors la Porte-Neuve, par laquelle Henri IV fit son entrée à Paris. Plus tard, ce jardin prit le nom de Mademoiselle, de l'habitation de cette princesse aux Tuileries, sur l'autre face du palais, au couchant. Les appartements ouverts sur ce jardin donnaient alors immédiatement sur une rue qui longeait la façade et communiquait au quai, de la chapelle Sainte-Suzanne de Gaillon, où est aujourd'hui l'église Saint-Roch. Cette rue fut supprimée par Louis XIV, lorsque plus tard Le Nostre fut chargé de rattacher au palais les jardins qui en étaient séparés.

A l'extrémité de l'aile des Tuileries qui touche au pavillon de Flore, un grand vestibule voûté donne entrée aux appartements de ce rez-de-chaussée, élevé seulement de quelques marches au-dessus du sol. La première pièce sur la cour est la salle des aides-de-camp du roi de service. Ce salon, voûté en plein-cintre, est orné d'arabesques, de peintures et de glaces. La seconde pièce, également voûtée et décorée d'arabesques, est le salon d'audience du roi ; les lambris de cette seconde pièce sont revêtus en stuc bleu : c'était le salon de musique de l'impératrice. Ensuite, et toujours sur la cour, est l'antichambre des appartements de la reine et des princesses Marie et Clémentine. Cette antichambre a une entrée directe sur la cour par un perron particulier. Après l'antichambre est un salon d'attente et ensuite un petit salon dit salon des Marchands. Les autres pièces sur cette même ligne sont occupées par les princesses. Elles sont coupées dans leur hauteur, à partir de l'antichambre de la reine, pour former des entre-sols au-dessus, où logent les femmes de service, etc. Ce que leur décoration simple offre de plus remarquable, ce sont des tableaux modernes acquis par le roi aux dernières expositions[1].

En traversant le vestibule dans toute sa largeur, on arrive à un grand escalier dont les marches sont supportées par des demi-voûtes. Un premier perron donne entrée aux appartements sur le jardin. A l'extrémité opposée du pallier est le rez-de-chaussée du pavillon de Flore, habité par S. A. R. Madame Adélaïde. L'escalier se continue ensuite jusqu'au premier étage.

La première pièce des appartements du palais au rez-de-chaussée sur le jardin, autrefois salle des gardes, est aujourd'hui une antichambre où se tiennent les valets de chambre de service. Elle communique à un premier salon, ou salon d'attente, orné de tableaux modernes, et ouvrant sur le cabinet de travail du roi : c'était

---

[1] Un petit cabinet gothique, ajusté par S. A. R. la princesse Marie, fait partie de ces appartements.

le salon de réception des impératrices, et ensuite de la dauphine. Celui-ci donne entrée à un arrière-cabinet, ancienne salle de billard. Un escalier mécanique conduit de ce petit cabinet dans les parterres réservés sous les croisées. Après ce cabinet est un petit salon également décoré de glaces et de peintures par M. Blondel : c'était un boudoir. Il sert aujourd'hui de cabinet de toilette au roi, parce qu'il précède immédiatement la chambre à coucher; de l'autre côté de celle-ci est le cabinet de toilette de la reine, et enfin une petite salle de bains. Il est inutile de faire remarquer que toutes ces pièces sont adossées à celles qui ont déjà été décrites, et donnant sur la cour; un corridor de service les sépare. Des escaliers dérobés intérieurs communiquent avec les entresols et les étages supérieurs.

La décoration intérieure de tous ces appartements ne remonte pas au delà du gouvernement consulaire; ils servirent successivement d'habitation aux impératrices Joséphine et Marie-Louise. Les appartements occupés maintenant par les princesses sur la cour, et adossés à la galerie voûtée ouverte sur le jardin, étaient le logement du grand-maréchal Duroc, et ensuite du roi de Rome. Le duc et la duchesse d'Angoulême occupèrent plus tard les grands appartements sur la cour et le jardin, et les personnes de leur maison les petits appartements sur la cour. Les appuis des croisées de ce rez-de-chaussée sur le jardin étaient tellement élevés, qu'une personne assise dans les appartements n'apercevait pas le jardin. Cette disposition rendait l'habitation triste et sombre, malgré l'espace et la beauté du site qui se déploie devant le palais. Le roi Louis-Philippe a fait trancher ces appuis jusqu'au niveau des parquets; pareille opération a été exécutée dans une portion du premier étage. La façade extérieure sur le jardin, ornée de riches balcons, n'y a rien perdu en symétrie, et les appartements y ont gagné de la clarté, de l'air, et la jouissance de l'un des plus beaux aspects de l'Europe.

Plus anciennement, mais leur distribution a été changée, ces logements du rez-de-chaussée formaient celui du grand-dauphin sous Louis XIV; ceux des personnes qui furent chargées de l'éducation de Louis XV, les ducs du Maine et de Bourbon; et enfin celui du duc de La Vauguyon, gouverneur de Louis XVI, Louis XVIII et Charles X.

Plus anciennement encore, Sauval nous apprend que de son temps, c'est-à-dire vers 1600, le magasin des Antiques du roi était renfermé dans le rez-de-chaussée du palais des

Tuileries. Ce magasin des antiques ou musée se composait de cinq troncs de cèdres du Liban; de plusieurs morceaux de porphyre provenant du temple de Salomon, et rapportés par Saint-Louis de la Terre Sainte; de bustes et de statues antiques, *jets des meilleurs reliefs de Rome*, nous dit Sauval, *amassés en des temps heureux, mais qui ont duré si peu, où l'on a vu nos rois aimer les belles choses.* Déjà Sauval avait vu une partie des porphyres sciés en tranche pour en faire des tables, et Gaston de France dépouiller le magasin de quantité de statues antiques. Toutes ces richesses disparurent ensuite dans les réparations que Louis XIV fit faire aux Tuileries; et il est bien difficile de reconnaître, à la description barbare qu'en fait Sauval, si nous possédons encore une de ces raretés.

Dans l'aile opposée à celle-ci, et qui remplit l'espace entre le pavillon du centre et le pavillon Marsan, se trouvent au rez-de-chaussée le vestibule et l'escalier nouveau, le théâtre ci-dessus décrit, et la chapelle construite en 1807 par les ordres de Napoléon, d'après les dessins de MM. Percier et Fontaine, sur une portion de l'emplacement occupé par l'ancienne salle de spectacle. La chapelle s'élève intérieurement du sol au rez-de-chaussée jusqu'à la naissance du toit, remplissant ainsi deux étages dans sa hauteur et éclairée sur le jardin. Elle se compose au rez-de-chaussée d'une nef et de deux bas côtés, séparés de la nef par des colonnes doriques en pierre, qui soutiennent un entablement formant tribune sur chacun de ses côtés et à ses extrémités. A partir de la tribune, des colonnes du même ordre, mais revêtues en stuc, supportent le plafond, orné de caissons et de refends rehaussés d'or. Le maître-autel, en marbre, est surmonté d'un tableau de l'assomption, peint par Prudhon. Du côté de la cour, la chapelle est adossée, au rez-de-chaussée, à un corridor de service, et à des pièces servant de bureaux; au premier étage, à l'ancienne salle des séances du conseil d'état, ainsi qu'on l'a dit en décrivant cette salle.

En fouillant dernièrement sous la chapelle, pour établir une communication de service souterraine entre une partie du palais et l'autre, on découvrit les fondations d'une muraille que l'on jugea, à sa forme circulaire, avoir fait partie d'une grosse tour. On sait en effet que l'enceinte de Paris, commencée sous Philippe-Auguste en 1190, respectée de ce côté par Charles V en 1367, et restaurée, traversait l'emplacement de la place Victoire, le jardin du Palais-Royal, la rue Saint-Honoré près les Quinze-Vingts, et allait aboutir sur la rivière, de la rue Saint-Nicaise à la Porte-Neuve. A l'extrémité de l'un des angles que formait cette enceinte était élevée une grosse tour, dite la tour du Bois. A l'attaque de Paris en 1429, où Jeanne d'Arc fut blessée, le combat se livra *sur le Marché aux pourceaux, entre la tour du Bois et la butte des Moulins :* or le Marché aux pourceaux s'étendait de la chapelle Sainte-Suzanne (Saint-Roch) jusqu'au marché des Quinze-Vingts, rue Traversière. Ces fondations retrouvées ne seraient-elles point celles de la tour du Bois?

Les caves et une partie du rez-de-chaussée du pavillon de Flore sont occupées par les cuisines; l'autre portion du rez-de-chaussée forme les appartements de S. A. R. madame Adélaïde. Ces appartements sont d'une grande simplicité, et n'ont d'autre mérite que l'agrément de leur vue donnant sur la terrasse du bord de l'eau et le Pont-Royal. Les étages supérieurs, mal distribués et assez incommodes, sont presque entièrement sacrifiés à de vastes vestibules communs qui donnent entrée à des logements disposés autour. Le pape Pie VII occupa cependant l'un de ces appartements du premier étage, quand il vint à Paris en 1804 pour le couronnement de Napoléon. La galerie du Musée a son entrée par ce même vestibule du premier étage.

Le pavillon Marsan, qui a pris le nom d'une des gouvernantes des enfants de France, a été totalement remis à neuf intérieurement par M. Fontaine sous l'empire. Il est plus convenablement distribué qu'on ne pouvait l'espérer par la difficulté d'éclairer l'intérieur d'une masse carrée qui ne peut tirer de jour que par deux de ses faces, dont l'une a 15 toises et l'autre 12 de largeur. Le rez-de-chaussée, disposé pour le roi de Rome, et qui n'a été habité sous l'empire que par le grand-maréchal du palais, n'offre de remarquable qu'un très grand et magnifique salon formant l'angle de la rue de Rivoli et du jardin. La duchesse de Berri a occupé cet appartement. Des changements dans la décoration intérieure y ont été faits par S. A. R. monseigneur le duc d'Orléans; son ameublement peut donner l'idée la plus favorable du goût à la fois élégant et riche du prince qui l'habite aujourd'hui.

Cette même distribution est répétée au premier étage, où demeure S. A. R. monseigneur le duc de Nemours. Cet appartement n'a été terminé que depuis la restauration, pour le comte d'Artois, depuis, Charles X. C'est à cette habitation qu'était dû le nom donné au gouvernement occulte qui, sous le règne de Louis XVIII, faisait pressentir les fautes de son successeur.

Le reste du pavillon, qui a sept étages, où l'on parvient par un escalier dont la disposition architecturale est fort ingénieuse, est distribué en logements qui n'ont rien de remarquable.

On communique aujourd'hui de plain-pied des appartements du palais des Tuileries avec l'escalier du pavillon Marsan, qui en était absolument séparé, par un couloir fermé, ménagé à travers la salle de spectacle et le théâtre, et appuyé sur le mur de face de la cour, de manière à ne nuire en rien au service du théâtre et au jeu de ses machines.

La galerie neuve qui touche au pavillon Marsan, et qui s'étend sur la rue de Rivoli jusqu'à celle de Rohan, ne contient que des logements d'habitation, réservés aux jeunes princes en partie, ou affectés aux personnes chargées du service militaire et de l'administration du palais, à la conciergerie, et enfin à l'état-major de la garde nationale.

On a vu que le palais était autrefois séparé du jardin des Tuileries par une rue allant de la rue Saint-Honoré au quai. Alors la galerie qui joint le Louvre au palais des Tuileries, et surtout le jardin planté par Henri IV, et que l'on appelait jardin de Mademoiselle, de l'habitation de cette princesse aux Tuileries, interrompaient cette communication jusqu'au

Louvre. Ce fut en 1664 que Louis XIV chargea Le Nostre, par l'entremise de Colbert, de supprimer cette rue transversale, et de construire les deux terrasses entre lesquelles le jardin se trouve renfermé comme nous le voyons maintenant.

Du côté de la rivière, le jardin se prolongeait déjà jusqu'au bastion dont Charles IX posa la première pierre en 1566. Ce bastion défendait une porte dite de la Conférence, et qu'on n'a démolie qu'en 1730. Le jardin avait de ce côté l'étendue à peu près qu'il a aujourd'hui; du côté opposé parallèlement à la rue Saint-Honoré, le jardin fut élargi de toute la longueur du palais, qui ne fut construit jusqu'au pavillon Marsan qu'à cette même époque de 1664.

A l'extrémité du jardin des Tuileries, et à la hauteur de la porte de la Conférence, il existait un fossé conservé encore en partie, mais qui tirait ses eaux de la Seine, avec laquelle il communiquait; au delà de ce fossé étaient des champs et des terres labourables. Marie de Médicis acheta ces terrains; elle y fit planter en 1616 quatre rangées d'ormes formant trois allées, et fermées à leur extrémité sur la campagne vers Chaillot par des grilles en fer. Cette promenade, nommée le *Cours-la-Reine*, fut détruite en partie en 1723; mais ce fut l'origine des Champs-Élysées.

Il paraît que la plus grande difficulté qu'éprouva Le Nostre dans la formation du jardin des Tuileries fut son nivellement. La construction des terrasses et des deux rampes formant fer-à-cheval à l'extrémité du jardin l'aidèrent, dit-on, pour le déblaiement des terres qu'il fallut exécuter. Quoi qu'il en soit, Le Nostre parvint avec une grande habileté à faire disparaître la pente rapide de ce sol, qui formait berge, et qui était coupé par de profonds ravins, portant à la rivière les eaux de la butte des Moulins et des campagnes adjacentes. Il ne put toutefois faire entièrement disparaître cette inclinaison du sol, puisque encore aujourd'hui la grande allée des orangers, au pied de la terrasse sur la rue de Rivoli, est au niveau de la partie supérieure de celle qui longe le quai ; mais il la diminua de manière à être insensible à l'œil le plus exercé.

La régularité et la symétrie étaient alors des règles dont il n'était pas permis de s'écarter. A l'extrémité du jardin, côté de la Seine, il existait, ainsi qu'on l'a déjà dit, un bastion que Louis XIII avait concédé à l'un de ses valets de chambre, nommé Renard [1], qui y avait établi un jardin, rendez-vous des élégants et des raffinés

---

[1] Le brevet est du 20 avril 1630.

de la Fronde. Cette concession obligea Le Nostre à laisser aux deux angles, à l'extrémité occidentale du jardin, deux espaces qu'il ne comprit point dans sa circonscription, l'un à l'angle vers la rivière pour y réserver le terrain de Renard, l'autre à l'angle septentrional pour y placer l'orangerie, le logement du jardinier, etc. Ces espaces angulaires, dont le sol a été élevé au niveau des terrasses, ont été réunis au jardin sous le règne de Napoléon.

Entre la rue Saint-Honoré et les Tuileries, outre plusieurs églises et couvents, l'Assomption, les Capucins, les Feuillants, des hôtels, maisons particulières et jardins, étaient des écuries[1], et deux manéges, dont l'un découvert, qui furent construits lorsque Louis XV, enfant, habita les Tuileries. Le manége couvert servit de salle des séances à l'Assemblée nationale, à l'Assemblée législative, et à la Convention jusqu'en 1793. Il a été abattu, ainsi que les écuries et un grand nombre d'autres édifi-

---

[1] L'une de ces écuries avait été construite par Philibert Delorme, et servait anciennement de manége. Elle portait le nom d'écurie de Monseigneur. Sa charpente, en planches de sapin posées sur champ, est l'un des premiers modèles de ce genre de construction dont Philibert Delorme est l'inventeur, et qui a été souvent reproduit, et notamment pour la coupole de la Halle au blé, brûlée depuis.

ces, pour former la rue de Rivoli; et le mur qui fermait le jardin de ce côté fut changé en une grille sur toute sa longueur.

Le seul changement opéré dernièrement dans le jardin des Tuileries est l'entourage, par des grilles à hauteur d'appui, des parterres qui se trouvent immédiatement sous les croisées du palais, au lieu d'un passage public reporté plus loin. Un perron permet de descendre des appartements dans ces parterres, qui ne contiennent que des fleurs. Ils sont séparés en outre du jardin, dont le public a la jouissance, par d'étroits fossés dont une des berges est en pente douce garnie de gazon; l'autre berge est formée par un mur de soutènement. C'est la seule promenade réservée à la famille royale dans l'immense jardin des Tuileries.

Un grand nombre de groupes, de statues, de vases en marbre et en bronze, dont la nomenclature et la description se trouvent partout, concourent à l'embellissement de ce jardin, qui contient environ 70 arpents. Le grand bassin octogone couvre à lui seul un arpent. La longueur du jardin depuis le palais jusqu'à la place est de 376 toises; sa largeur, égale à la longueur du palais d'un pavillon à l'autre, est de 168 toises, les terrasses comprises.

La face du palais des Tuileries, au levant, opposée à celle tournée vers le jardin, donne sur la cour et la place du Carrousel. C'était anciennement un terrain vague qui s'étendait entre les murs de Paris et ce palais. Par cet emplacement, à ce que rapporte le Journal de l'Étoile, Henri III, le 22 mai 1588, à cinq heures du soir, s'échappa du Louvre *à pied, tenant une baguette à la main, suivant sa coutume, comme s'allant promener aux Tuileries.* Sur cette même place, où était le jardin Mademoiselle, Louis XIV, qui le fit détruire, donna, les 5 et 6 juin 1662, une fête pour laquelle on éleva une construction ou charpente d'où l'on dut voir le carrousel [1], où la cour étala un luxe extraordinaire, et dont le nom demeura à la place.

---

[1] L'auteur d'une de ces gazettes rimées qui étaient alors en faveur décrit ainsi les décorations exécutées pour ce divertissement :

>Cirque de bois à cinq croisées
>Barbouillé d'azur et d'or peint,
>Amphithéâtre de sapin,
>Fantôme entre les Colysées ;
>Hippodrôme de Pantagruel,
>Belle place du Carrousel
>Faite en forme d'huître à l'écaille,
>Quoi qu'on en dise, on vous voit là :
>Un habit de pierre de taille
>Vous siérait mieux que celui-là.

A l'époque de la minorité de Louis XV, cette place fut divisée en trois cours séparées entre elles par des bâtiments servant de remises, et qui furent en partie incendiés au 10 août 1792. Sous le consulat, et à l'occasion de la machine infernale, on déblaya cette place non seulement d'une partie encore existante de ces décombres, mais encore d'un grand nombre d'hôtels et de maisons particulières, à l'effet de l'agrandir. En 1806, l'arc de triomphe qui occupe cette place, et qui sert de porte à la grille qui sépare la cour des Tuileries de la place proprement dite, y fut élevé sur les dessins de MM. Percier et Fontaine.

Les bas-reliefs en marbre qui décorent cet arc de triomphe, après avoir été enlevés en 1815, ont repris leur place depuis l'avénement de Louis-Philippe. Le bas-relief, côté de la Seine, représente la paix d'Amiens, par M. le Sueur; sur la face qui regarde le palais, l'entrevue des empereurs de France et d'Autriche, par M. Rancey père, et l'entrée à Munich par M. Clodion; vers le nord, l'entrée à Vienne, par M. de Seine; la face vers le Louvre offre la bataille d'Austerlitz, par M. Esparcieux, et la capitulation d'Ulm, par M. Cartelier. Huit statues en marbre de militaires français de différentes armes et revêtus de leur uniforme sur mon te l'entablement. Le monument est couronné par un quadrige en bronze par M. Bosio, et fondu par M. Crosatier.

A l'extrémité occidentale du jardin des Tuileries est une immense place, qui, quoique de création moderne, a déjà reçu un grand nombre de noms, de Louis XV, de la Révolution, de la Concorde et de Louis XVI. C'était dans l'origine une esplanade entourée d'un fossé, et dont une partie servit de chantier ou de magasin des marbres du roi. Son étendue et son emplacement entre les Tuileries et les Champs-Élysées la firent juger propre à recevoir la statue équestre du roi alors régnant, et la première pierre de ce monument fut posée le 24 avril 1754.

Cette place, qui faisait partie du domaine de la couronne, a été concédée à la ville de Paris, à la charge d'y faire exécuter des plans d'embellissement et de convenance approuvés par suite d'un concours en 1828, et dont l'exécution est commencée.

FIN.

www.ingramcontent.com/pod-product-compliance
Lightning Source LLC
LaVergne TN
LVHW021706080426
835510LV00011B/1621